*Los Dingo Docus – Los dinosaurios*
Laurent Audouin

Título original: *Les Dingo Docus BD. Les Dinosaures*

garbuixbooks.com

Primera edición: mayo de 2024

Impresión: Edelvives

Traducción: © 2024 Montserrat Terrones
Maquetación y rotulado: Gabriel Regueiro
Corrección: Joan Abril

DEPÓSITO LEGAL: B 7684-2024
ISBN: 978-84-19393-25-8



PEFC Certificado
Este producto procede de bosques gestionados de forma sostenible y fuentes controladas
PEFC
PEFC/14-38-00260
www.pefc.es

LAURENT AUDOUIN

# Los DingoDocus cómic

## Los dinosaurios

GARBUIX BOOKS

París...
Museo de Historia Natural
Hola, profesor Dudico.
Llámame Robert.
¿Puedes explicarle a nuestros lectores de "Dinos y huesos" la gran aventura de los dinosaurios?
¡Claro que sí! Has dado con el especialista.
Los dinosaurios son lo mío.
PAF
CRAAAC...
¡Ostras!

¡AAYYY!
¡Profesor Dudico? ¿Está bien?
GMHH...
Profesor, estoy aquí.
GMHH...
¡A... A... Archibald!
GMMHHH...
¡A... Archibald!
¿Y cómo lo hago ahora para escribir mi artículo?
No se preocupe, señora, yo me ocupo.

Bien, para empezar, una línea del tiempo para ubicar a los dinosaurios en su época.

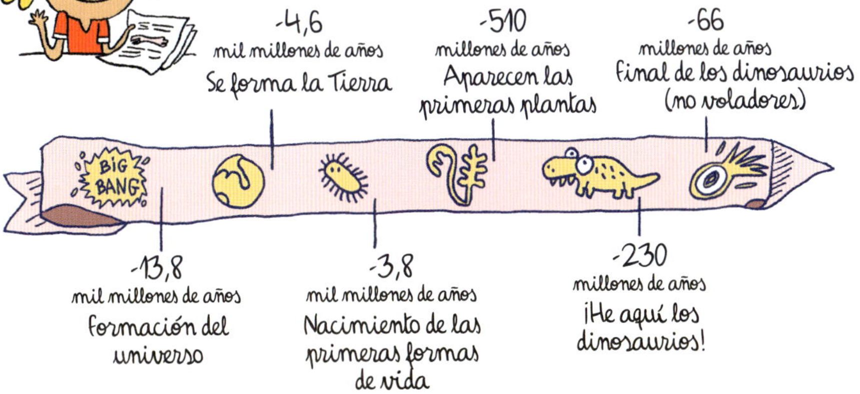

Para entenderlo todo, tenemos
que empezar por el principio.
¡Y justo en el principio,
no había nada que ver!

Todo empieza
con EL BIG BANG.
¡El universo se forma!

Nacen las estrellas...

... y luego el sol.

El polvo de las estrellas, las rocas y el gas se unen formando una masa, como una gran bola de nieve, para formar la Tierra.

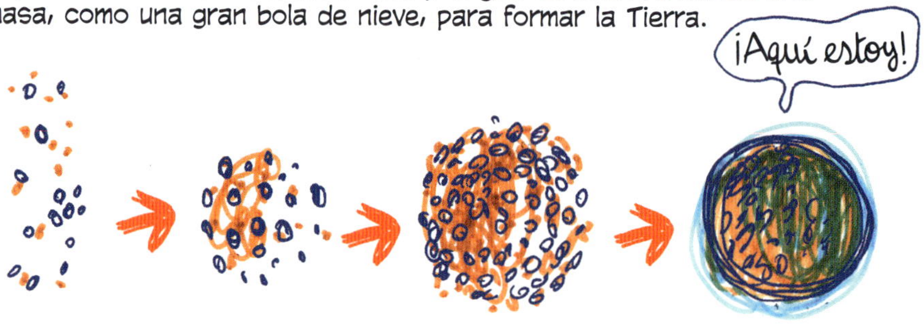

Y aquí está... la Tierra está formada, pero no se parece en nada a la Tierra de hoy en día. Al principio, todos los continentes estaban unidos en un solo bloque: Pannotia.

Al principio, la superficie es un desastre. Hace mucho calor y no hay vida.

En cambio, bajo el agua, aparecen los primeros organismos vivos: las células.

Luego llegan los primeros animales de cuerpo blando: los invertebrados.

Después los primeros peces.

Es en esa época cuando aparecen las primeras plantas sobre tierra firme.

Bueno, esto no sucedió en dos minutos, sino en varios millones de años. Aquí lo hemos acelerado.

Ah, vale, ¿eso no es todo, Archibald?
Ah, no, es solo el principio. Algunos peces convertidos en anfibios evolucionaron en reptiles, y después en dinosaurios.
GRRR...
Los dinosaurios dominaron los continentes durante tres periodos:
1) el Triásico: el principio.
2) el Jurásico: el medio.
3) el Cretácico: el final.
El Cretácico, allí donde todo se rompe.
¡Madre mía! Me parece complicado.
¡Qué va! Ahora te lo explico todo.
GRRR...

## 1) El Triásico: de -252 a -201 millones de años.

Durante este periodo, la Tierra se dividió en dos supercontienentes. Laurasia en el norte y Gondwana en el sur.

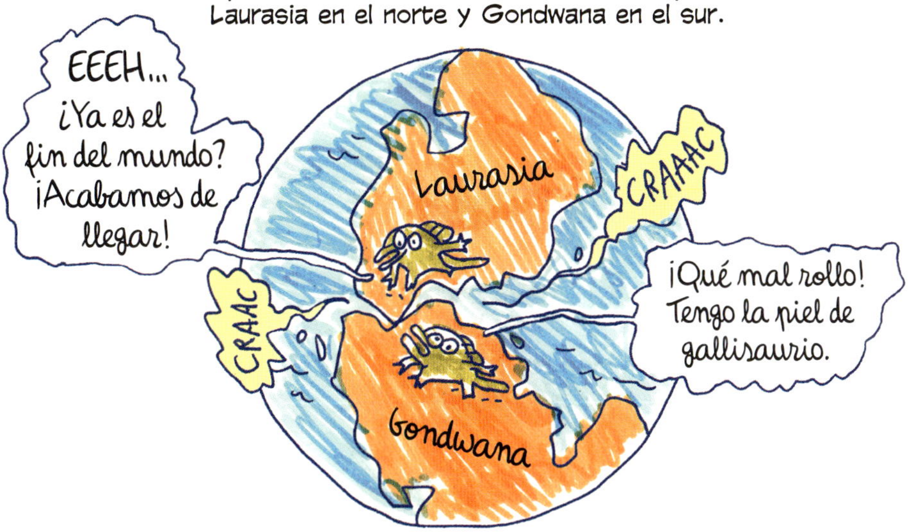


Los reptiles del Triásico se repartirán todos los hábitats naturales. En el mar, en la tierra, en el aire... ¡Están en todas partes!

Reptiles marinos

Los que nadan.

Reptiles terrestres:

Los dinosaurios

Los que corren rápido.

Reptiles voladores

Los que vuelan.

Existen miles de especies diferentes, pero vamos a ver tres de las más conocidas:

el Shastasaurus — el Eoraptor — el Eudimorphodon

Pero pronto... bueno, cuando digo "pronto",
quiero decir unos 50 millones de años más tarde, empieza un nuevo periodo.

## 2) El Jurásico: de -201 a -145 millones de años.

Es cuando llegan los grandes dinosaurios... y algunos son muy muy GRANDES.

Un paleontólogo es un investigador de la vida del pasado. Richard Owen estudiaba fósiles.

Y para poder decir que "yo he estudiado griego en el colegio", une las dos palabras "deinos": terriblemente grande, y "saurus": lagarto. Y forma la palabra "dinosaurio". Una palabra bien escogida cuando uno ve a estos "lagartos muy **GRANDES**".

Los grandes dinosaurios del Jurásico dominarán la Tierra.
Y en especial el más famoso:
el Allosaurus

¡Es sencillo! Para llegar a la vegetación que estaba alta, los dinosaurios herbívoros necesitaban ser grandes o tener el cuello muy largo: así que empezaron a crecer y crecer.

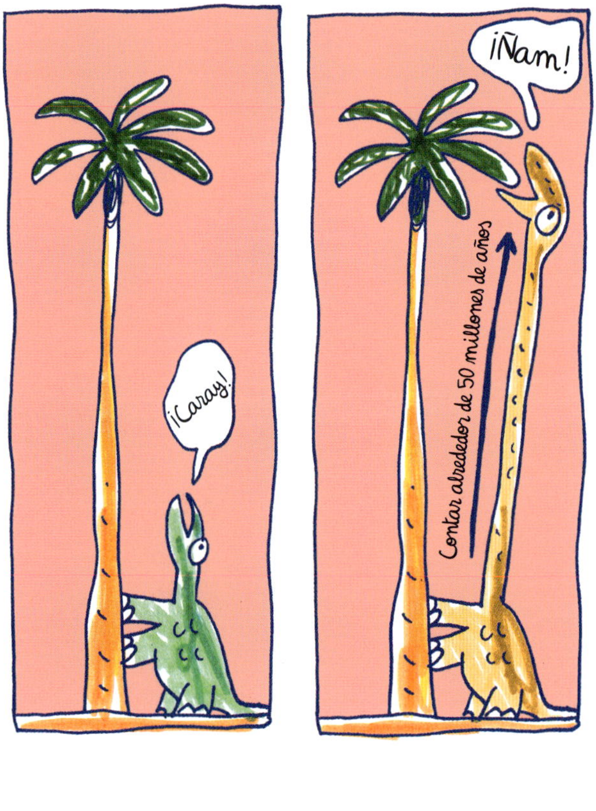


La ventaja es que cuanto más grande se es, menos se teme a los depredadores.

El Jurásico es el periodo de la dominación de los dinosaurios pero pronto llegarán los problemas... en unos cuantos millones de años.

## 3) El Cretácico: -145 a -66 millones de años.

Durante este periodo, Laurasia y Gondwana se separarán y los continentes se formarán.

Los dinosaurios se multiplican, pero en el cielo se prepara una catástrofe.

Hace 66 millones de años, un enorme meteorito cayó sobre la Tierra...
¡Ey, Petrosaurio!
¿Qué?
Creo que esto huele a problemos.
¡Siempre lo ves todo negro!
¡Que no! Te digo que esto me da muy muy mala espina.
¡Que no!
... e impactó en México, en la región del Yucatán.
¡Caramba! ¡Es el fin del mundo y de los dinos!
¡PLAAAACHH!
¡Adiós, amigos!

El impacto del meteorito provocó olas de 1.500 metros de altura.

Se produjeron erupciones volcánicas e incendios gigantescos.

Nubes tóxicas y lluvias ácidas se precipitaron sobre los dinosaurios.

Los rayos de sol no podían atravesar la atmósfera y la Tierra se sumergió en la oscuridad. Los dinosaurios van a desaparecer.

Es el principio del fin de los dinosaurios no voladores.

Bueno, ¿habéis acabado?
Eh, sí, ¡por culpa del meteorito!
Vale.
Pero yo aún tengo un montón de preguntas.
¿Por qué este dinosaurio tiene placas por todo el cuerpo?
¿Y por qué este tiene cuernos en la cabeza?

**Muy importante:**
Distinguimos entre dos familias de dinosaurios.
La diferencia se sitúa en los huesos de la pelvis.

Los Saurisquios — Los Ornitisquios

# Los Ornitisquios

1) El Estegosaurio: Mide entre 8 y 9 metros y pesa 5 toneladas.

Su nombre significa "dinosaurio con un tejado".

Podemos imaginar que las placas de su espalda le servían para captar el calor.

Sin embargo, era el dinosaurio con el cerebro más pequeño.

Pero no había que molestarle, porque tenía una cola con espinas.

2) El Triceratops: Puede medir 9 metros y pesar hasta 6 toneladas.

Su nombre significa "cabeza con tres cuernos".
Parece feroz, pero solo come plantas.

Ojo, no hay que enfadarle.

La gola es su arma de seducción masiva.

# Los Saurisquios

## 1) El Diplodocus: Mide 30 metros y pesa 15 toneladas.

Su nombre significa "doble viga".

Se puede poner de pie para comer hojas.

¡Y muy práctico para defenderse!

Duerme de pie para protegerse de los depredadores. Si no, tendría problemas.

## 2) El Tiranosaurio: Mide 13 metros y pesa 6 toneladas.

Su nombre significa "lagarto tirano". No es para tomárselo a broma. Es feroz. El humor no es precisamente lo suyo.

Sobre todo si le dicen que tiene los brazos cortos...

... no le gusta nada, le saca de quicio.

Sus dientes se renuevan
a lo largo de su vida.
¡Es el secreto de su
supermandíbula!

Nadie se atreve a atacar a un Tiranosaurio...
excepto otro Tiranosaurio,

Con sus patas musculosas,
adora correr tras sus presas.

El Tiranosaurio es el
dinosaurio más fuerte.

Es el más conocido.
Tan famoso que se ha convertido
en una auténtica estrella de cine.

3) El Velocirraptor: Mide 1,20 metros y pesa 15 kilos.

Su nombre significa "ladrón rápido".

El velocirraptor es muy pequeño pero como es realmente astuto...

... caza en manada.

Y como corre superrápido, es difícil escapar.

Después, sus largas garras le sirven para mantener a sus presas en el suelo. ¡Uy, uy!

Ya hemos acabado con los dinosaurios.
Ahora, vamos a descubrir a un famoso reptil marino.

El Elasmosaurio: Mide 14 metros y pesa 5 toneladas.

Su nombre significa "dinosaurio cinta" porque es muy largo.

El cuello le sirve de larga caña de pescar bajo el agua...

... pero también en la superficie.

En el cielo podemos ver a un ineludible **reptil volador.**

**El Pteranodon:** Mide 6 metros y pesa 50 kilos.

(familia de los pterosaurios)

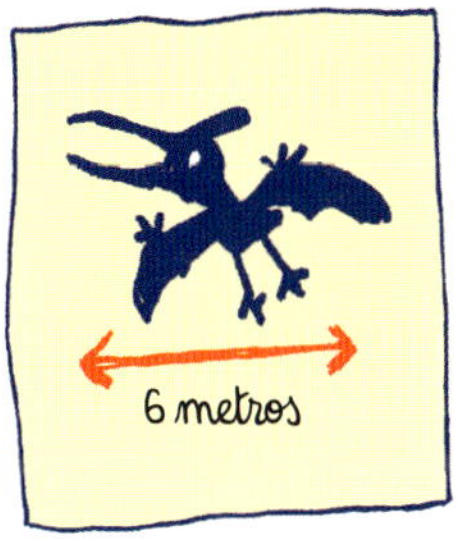

Desde su nacimiento...

... el pteranodon ya sabe volar.

Sabe volar...

... pero no sabe nadar, aunque es muy bueno sumergiéndose...

... para pescar comida.

¿Tiene alguna pregunta más, señora periodista?
¡Ah, sí!
¿Los dinosaurios convivieron con los hombres prehistóricos?
¿Los hombres prehistóricos? JA JA, ¡no!
No vivieron en la misma época.
Los hombres prehistóricos aparecieron mucho más tarde.
¡Afortunadamente!
GRR
¡Imagínatelo!

Si el hombre prehistórico hubiese vivido en la época de los dinosaurios:
1) Hubiese querido cazarlos para comer...

... pero los dinosaurios no se habrían ni despeinado.

2) Hubiese querido domesticar a los pterosaurios...

... pero estos eran demasiado grandes.

Puede que hubiese tenido la suerte de escapar de un pterosaurio...

... pero hubiese podido caer en un volcán en erupción (había un montón).

O en el agua. Lo que...

... no sería necesariamente mejor.

Por lo que es imposible disfrutar de un poco de descanso.
Hasta los insectos hubiesen sido también más que un incordio para el hombre prehistórico.

Con los herbívoros, la cosa hubiese sido más divertida. El hombre prehistórico hubiera podido divertirse como en un parque de atracciones.

Donde pasar buenos ratos...

... en fin, normalmente.

En lo que respecta a la comida, todo hubiese sido más nutritivo... sobre todo el marisco.

Hubiese descubierto
una vegetacion increíble.

Bueno, aquí exagero... ¡En esa
época no había plantas carnívoras!

Los investigadores creen que basta con coger a un "mosquitosaurio" conservado en resina...

... y recuperar la sangre del dinosaurio al cual ha picado.

Después, manipulamos un poco en el laboratorio.

Y he aquí un dinosaurio nuevecito.

Después, es necesario adaptarlo un poco a nuestra época... y no es fácil.

Por ejemplo, si resucitásemos a los pterosaurios, habría un caos en el cielo.

Y si dejásemos entrar a los Diplodocus en las ciudades: ¡empezarían los atascos!

Los Tiranosaurios también tendrían problemas con la tecnología de nuestra época.

Sería imposible hacer la compra después de un dinosaurio.

Y llega también la limpieza de las aceras.

¡Bueno, tengo una pregunta!
¿Cómo sabemos el aspecto que tenían los dinosaurios si nunca los hemos visto?
¿Y cómo lo hacemos para ordenar todos los huesos?
Eh, ¿cómo lo hacemos?
¡Ah, todo esto se lo debemos a las excavaciones de los buscadores de dinosaurios!
Os lo voy a explicar todo sobre...
¡Los paleontólogos!

Por ejemplo, si te encuentras
con algo raro mientras excavas...

... y ves que hay un montón
parecidos alrededor...

... entonces necesitas un especialista en excavaciones.

Un paleontólogo es un especialista en excavaciones de dinosaurios.

Después hay que transportar
el esqueleto a un museo...
y ponerle un nombre.

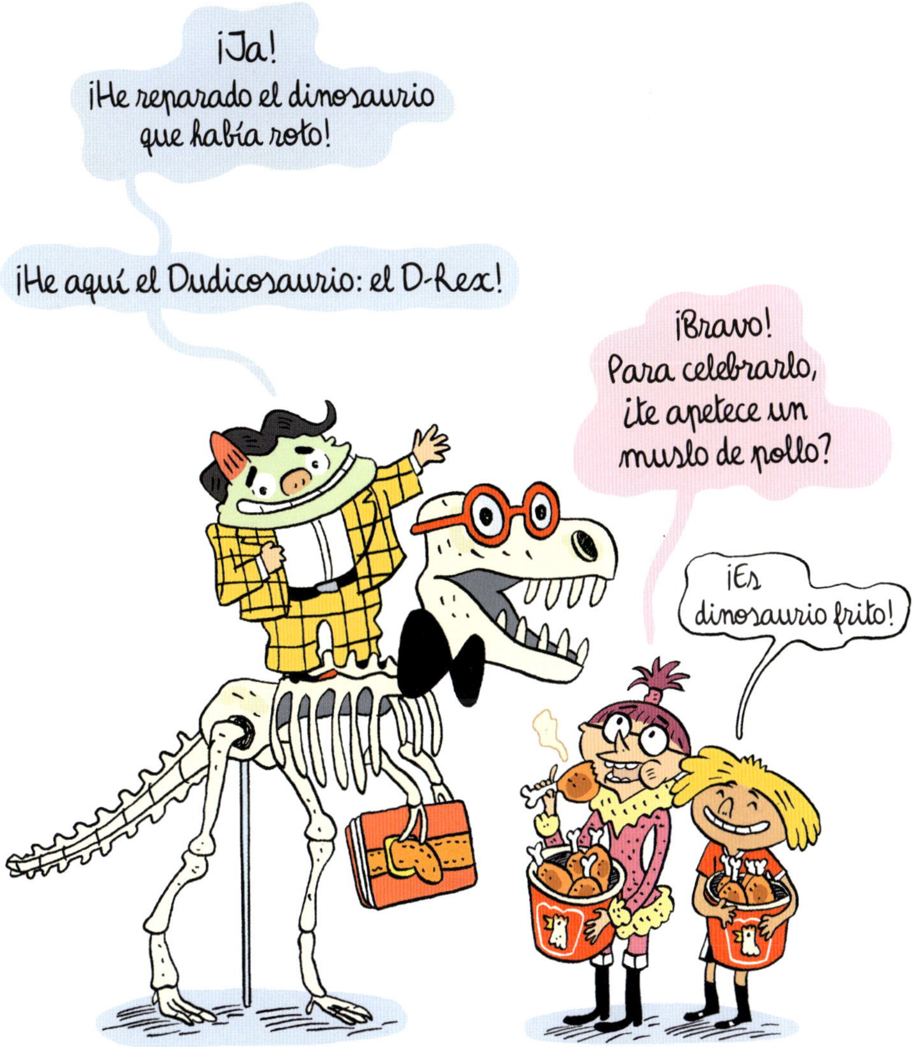
¡Ja!
¡He reparado el dinosaurio que había roto!
¡He aquí el Dudicosaurio: el D-Rex!
¡Bravo! Para celebrarlo, ¿te apetece un muslo de pollo?
¡Es dinosaurio frito!